Kurt Vonnegut

LEBEN IN BILDERN

Herausgegeben von
Dieter Stolz

Kurt Vonnegut

Denis Scheck

DEUTSCHER KUNSTVERLAG

»Um zu verstehen, was meinen Charakter geprägt hat,
müßten Sie wissen, welche Hunde in meiner Nachbarschaft
gelebt haben, als ich acht Jahre alt war.«

Kurt Vonnegut, 1992

Inhalt

Kein Denkmal

Der neue, 1910 eingeweihte Schlachthof von Dresden liegt in einem Sumpfwiesengebiet vor den Toren der Stadt, ein Überschwemmungsgelände, dessen ursprünglicher Zustand Caspar David Friedrichs Gemälde *Das Große Gehege* von 1832 erahnen lässt. Heute steht auf dem Ostragehege, wie das Areal nach einem mittelalterlichen Dorf genannt wird, kaum einen Kilometer von Semperoper und Frauenkirche entfernt, ein Kongresszentrum. Einmal im Jahr findet eine vielbesuchte internationale Kunstausstellung in den alten Schlachthofhallen statt, die »Ostrale«. Neben der Plastik eines Schweinetreibers erinnert ein Stierbrunnen an die ursprüngliche Nutzung des Geländes; Stadtführer amüsieren Touristen mit dem umgangssprachlichen Namen »Schweinekirche« für den Schornsteinbau des Schlachthofs, der tatsächlich wie ein Sakralgebäude wirkt. Irgendeinen Hinweis auf den amerikanischen Kriegsgefangenen Kurt Vonnegut Jr., der hier Ende des Zweiten Weltkriegs als Angehöriger des Arbeitskommandos 557 den Feuersturm von Dresden überlebte, sucht man im Ostragehege von Dresden heute vergeblich.

Kurt Vonnegut starb am 11. April 2007. Warum er trotz seiner Millionenauflagen weltweit, trotz seines Ruhms in den Vereinigten Staaten und trotz seiner eng mit Deutschland verflochtenen Biographie hierzulande nicht bekannter ist, zählt zu den Rätseln der Literaturgeschichte. Warum hingegen Dresden sich schwertun muss, Vonnegut zu ehren, wird jeder Leser seines 1969 veröffentlichten, schon 1970 ins Deutsche übersetzten Antikriegsromans *Schlachthof 5 oder der Kinderkreuzzug* leicht beantworten können. Die »Schweinekirche« ist vor diesem Hintergrund vielleicht gar kein schlechter Ersatz für ein Kurt-Vonnegut-Denkmal. Zumindest der Spottname hätte dem bibelfesten Atheisten sicher gefallen – er atmet denselben Geist von schwarzem Humor, moralischer Ambiguität und trockenem Witz, den Vonneguts Gesamtwerk charakterisiert.

»Nennen Sie mich Junior. Meine sechs erwachsenen Kinder tun das auch. Drei sind adoptierte Neffen, drei sind von mir. Hinter meinem Rücken nennen sie mich Junior. Sie glauben, ich weiß das nicht.« (*Zeitbeben*, S. 17)

Kurt Vonnegut. Aufnahme um 1975.

Caspar David Friedrich: *Das Große Gehege bei Dresden*, um 1832.

Wer hat an der Uhr gedreht?

Wenn es einen roten Faden in Kurt Vonneguts Werk gibt, dann sein besonderes Verhältnis zur Zeit. Sein Schreiben ist von der Erkenntnis durchdrungen, dass Romane die einzigen funktionierenden Zeitmaschinen sind, die wir kennen. Seine Protagonisten wissen allesamt, dass man genau so gut von und mit der Zeit wie gegen die Zeit leben, ja mitunter buchstäblich aus der Zeit fallen kann. Und während ich mich umschaue im Frühjahr 2013 im Regen im Ostragehege von Dresden, komme ich mir in meinem Versuch, von meinen Begegnungen mit dem Schriftsteller, von seinem Leben und seinem Werk zu erzählen, selbst ein wenig vor wie Vonneguts Held Billy Pilgrim aus *Schlachthof 5*, der sein Leben nicht linear, sondern diskontinuierlich in der Zeit lebt und zwischen Vergangenheit, Gegenwart und einer Zukunft als Schaustück in einem Zoo von Außerirdischen auf dem Planeten Tralfamadore hin und herspringt. Oder bin ich, wie Winston Niles Rumford aus *Die Sirenen des Titan*, in ein »chronosynklastisches Infundibulum« geraten? Hat mich ein »Zeitbeben« erfasst, eine »plötzliche Panne im Raum-Zeit-Kontinuum«, wie Vonneguts Alter Ego Kilgore Trout?

Ein einziges Mal habe ich in meinem Leben einen Verlag gegründet. Anfang der 90er Jahre galt es, eine Lücke zu schließen: Noch nie hatten Essays von Kurt Vonnegut ihren Weg ins Deutsche gefunden. Klaus Birkenhauer, der damalige Leiter des Europäischen Übersetzerkollegiums in Straelen am Niederrhein, ließ sich von diesem Projekt begeistern und wurde nach vielen Jahren erstmals wieder selbst als Übersetzer aktiv. Zusammen mit meinen besten Freunden hoben wir den »Kilgore Trout Verlag« aus der Taufe, dessen einzige Publikation eine auf fünfzig Exemplare limitierte Vorzugsausgabe von Kurt Vonneguts Essays in deutscher Übersetzung darstellt; die Publikumsausgabe erschien im Straelener Manuskripte Verlag. Für die Luxusedition bat ich Vonnegut über seinen damals als Mittelsmann

in allen Lebenslagen fungierenden Anwalt Don Farber, ein später eingebundenes Vorsatzblatt zu signieren, was dieser auch tat – nicht ohne unter seinen Namenszug jenes Sternchen hinzuzufügen, das Vonnegut-Leser seit *Palm Sunday* als symbolische Darstellung seines Anus zu dechiffrieren wissen.

Vonnegut polarisiert auch im Jahr 2014. Habe ich je eine Biographie gelesen, deren Gegenstand dem Biographen so unsympathisch, ja spürbar zuwider ist wie Charles J. Shields in seiner 2010 erschienenen Lebensbeschreibung *And so it goes. Kurt Vonnegut: A Life*? Shields, ein ehemaliger Lehrer, ausgewiesen durch eine vielgerühmte Lebensbeschreibung Harper Lees, ist ein akribischer Rechercheur des mannigfaltige Episoden als PR-Mann, Highschool-Lehrer, ja sogar als Autoverkäufer umfassenden Lebens Kurt Vonneguts und auch gar kein schlechter Interpret seiner Werke. Aber Shields begegnet allem Doppeldeutigen, Abgründigen, von der mittelständischen Norm Abweichenden in seiner Lebensbeschreibung mit Missbilligung. Aus jeder Zeile scheint sein Stirnrunzeln hervor, jeder Satz ist mit dem Generalbass eines ablehnenden Grummelns unterlegt. Ganz sicher keine optimale Einstiegsvoraussetzung in den Erzählkosmos des großen Werterelativisten Kurt Vonnegut.

Kurt Vonnegut. Undatierte Aufnahme.

»Hirn zu groß,
Verstand zu klein.«

Ich treffe Vonnegut zum ersten Mal in New York im Hotel Excelsior 1992, drei weitere Begegnungen finden im Lauf des folgenden Jahrzehnts in seinem Haus in Manhattan auf der East 48th Street an der Fifth Avenue statt. »Ich bin Skeptiker, kein Zyniker, ich misstraue nicht den Motiven der Menschen, sondern ihrer Intelligenz.« Diesen Satz spricht Kurt Vonnegut schon bei unserer ersten Begegnung in mein Mikrofon, als ich ihn um ein paar Worte zum Aussteuern des Bandgeräts bitte. Mich verblüfft, wie unvermittelt er die Ebene des Smalltalks verlässt, wie übergangslos er von Banalem zu Tiefsinnigem kommt. Doch dieser abrupte Wechsel zwischen E und U hat offenbar Methode, ein früh eingeübtes Mittel zur Erzeugung von Aufmerksamkeit, mehr noch, ein ehernes Erzählprinzip Vonneguts. Daraus resultiert ein Teil der bitteren Komik seiner Texte und auch die Verwirrung, die diese bis heute bei Lesern, Kritikern und Literaturwissenschaftlern in Deutschland und Amerika stiften.

Vonnegut ist ein großer, schlanker Mann, der mit seiner dichten Lockenmähne, dem Schnurrbart und dem zerknautschten, faltenüberzogenen Gesicht aussieht wie einer der schrulligen Typen auf Gemälden Norman Rockwells. Bei all meinen Besuchen bringe ich ihm eine Stange Pall Mall ohne Filter mit, die Zigarettenmarke, über die er in seinen Büchern immer wieder schreibt, das verhasst-geliebte Gift, mit dem er über fünfzig Jahre lang Selbstmord auf Raten begeht. 1984 versucht Vonnegut, dessen Mutter sich im Alter von 56 Jahren am Muttertag 1944 das Leben genommen hat, ebenfalls mit einer Überdosis Tabletten diesen Selbstmord zu beschleunigen – der erste einer Reihe von Suizidversuchen, ein gefundenes Fressen für die New Yorker Klatschpresse, ebenso wie die öffentlich zelebrierten Krisen in seiner zweiten, am 24. November 1979 geschlossenen Ehe mit der Fotografin Jill Krementz, mit der er, allen Zerwürfnissen zum Trotz, bis zum Ende seines Lebens verheiratet bleibt. Noch

Jill Krementz und Kurt Vonnegut während einer literarischen Gala des P.E.N.-Clubs im Roseland Ballroom in New York am 26. April 1989.

»Hier kommt die Nachricht: Ich werde die
Brown & Williamson Tobacco Company,
die Hersteller von Pall Mall-Zigaretten, auf
eine Milliarde Otzen verklagen! Seit ich
gerade mal zwölf Jahre alt war, habe ich nie
etwas anderes kettegeraucht als filterlose
Pall Malls. Und seit vielen Jahren verspre-
chen jetzt schon Brown und Williamson,
direkt auf der Packung, mich umzubringen.
Aber ich bin jetzt zweiundachtzig. Vielen
herzlichen Dank, ihr miesen Ratten.«
(*Mann ohne Land*, S. 55)
Foto: Arbeiterin in einer Zigarettenfabrik
beim Verpacken von Pall Mall-Zigaretten.
Um 1955.

sein Tod liefert Stoff für die Boulevardpresse. Vonnegut stolpert Mitte März 2007 beim Gassi gehen über die Leine seines schneeweißen Malteserhündchens Flour und zieht sich auf der Treppe zu seinem Brownstone-Haus eine schwere Kopfverletzung zu, an deren Folgen er vier Wochen später stirbt, ohne aus dem Koma zu erwachen. Auf derselben Treppe hatte er mir und einer Freundin einige Jahre zuvor in überraschend gut verständlichem Deutsch und mit einer hellen Baritonstimme zum Abschied deutsche Volks- und Studentenlieder vorgesungen: »Wo wir uns finden wohl unter Linden zur Abendzeit«, »Am Brunnen vor dem Tore«, »Die Gedanken sind frei« …

Bei allen unseren Gesprächen beeindruckt mich am meisten die frappierende Übereinstimmung zwischen Vonneguts Art zu reden und seiner Art zu schreiben. Eine solche totale Kongruenz zwischen Mündlichkeit im gelebten Leben und geschriebenem Text ist mir seither nie wieder begegnet. Wie in den Kurzkapiteln seiner Romane läuft fast alles, was Vonnegut erzählt, auf eine Pointe hinaus, die nicht selten im rauen, kurzatmigen Gelächter und Gehuste des Kettenrauchers unterzugehen droht.

Von Saul Bellow stammt die Unterscheidung, es gebe Literatur und Superliteratur. Während Literatur die Tragödien oder Komödien des Privatlebens zum Thema habe, handele Superliteratur vom möglichen Ende der Welt jenseits aller persönlichen Geschichte. In diesem Sinne schreibt Kurt Vonnegut Superliteratur – komplexe Beziehungsdramen interessieren ihn ebensowenig wie fein auspsychologisierte Charakterstudien. Ihm geht es um größere Zusammenhänge. Im Zentrum all seiner Romane stehen die ›letzten Fragen‹: Warum leben wir? Was kommt nach dem Tod? Weshalb bringen wir uns so gern gegenseitig um?

Die Antworten des philosophischen Autors Kurt Vonnegut nehmen mit der Zeit einen immer galligeren Unterton an. Trost ziehen lässt sich aus seiner Menschheits-Diagnose wenig, denn diese lautet schlicht: »Hirn zu groß, Verstand zu klein.« So das Fazit von Vonneguts 1987 erschienenem Roman *Galapagos*. Fünfundzwanzig Jahre zuvor formuliert er in *Katzenwiege*: »Was kann sich ein vernünftiger Mensch angesichts der Erfahrungen der letzten Jahrmillionen erhoffen? Nichts.«

Blick über Vonneguts Geburtsstadt
Indianapolis. Im Vordergrund ein
Reklameschild der Vonnegut Hardware
Company. Aufnahme um 1907.

Sein Spielfeld ist die ganze Welt (oder mehr)

Die amerikanische Kritik ist in seinen letzten Lebensjahren nicht freundlich mit Kurt Vonnegut umgesprungen. Ähnlich wie anderen Autoren seiner Generation, Norman Mailer oder Joseph Heller etwa, schlägt ihm viel Häme entgegen. Die *New York Times* hält Vonnegut anlässlich einer Rezension seines Romans *Hokus Pokus* 1990 vor, seine revolutionäre Prosatechnik habe sich abgenutzt, er warne nun schon zu lange vor dem Weltuntergang, als dass ihn noch jemand ernst nehmen könne. Sein Generationsgenosse Gore Vidal nennt ihn gar »Amerikas schlechtesten Schriftsteller«. Vonnegut, den als Autor mit Millionenauflage und als Vortragskünstler von der Liebe seines Massenpublikums Verwöhnten, schmerzt dieser Snobismus des nur in europäischen Augen inexistenten literarischen Establishments der USA, das ihn auch gegen Ende seines Lebens gelegentlich spüren lässt, dass er im exklusiven Kreis eines John Updike, einer Susan Sontag oder eines William Gaddis nichts verloren hat. Aber es gibt auch andere Stimmen. Dave Eggers etwa, heute einer der aufregendsten, weil unausrechenbarsten US-amerikanischen Gegenwartsautoren, schreibt im Jahr 2000 über sein Vorbild Kurt Vonnegut: »Seine Bücher sind höchst intime Romane getarnt als Allegorien getarnt als Science Fiction; ihr Spielfeld ist die ganze Welt (oder mehr). Meist geht es um einen Weltkrieg, ein katastrophales Ereignis, häufig auch Völkermord oder eine wissenschaftliche oder politische Neuerung, die alles, was uns lieb und teuer ist, bedroht oder schon erfolgreich in den Orkus geschickt hat … Vonnegut ist also ein Guter. Wem seine Bücher gefallen und wer sie gern liest, obwohl sie leicht zu lesen und häufig lustig sind, dem wird das Gesamtwerk des Schriftstellers Kurt Vonnegut gefallen.«

Die tonangebenden Literaturkritiker hatten hingegen schon immer ihre Schwierigkeiten mit Vonnegut, der Ende der 60er Jahre mit seinem strikten Antimilitarismus den Zeitgeist traf und dessen Roman

Schlachthof 5 zu einem der Kultbücher der Anti-Vietnam-Generation wurde. Derselbe Antimilitarismus brachte Vonnegut zu Zeiten von Pearl Harbour allerdings in die Bredouille – nicht zuletzt wegen seiner deutschen Abstammung. An die fünf Jahrzehnte Berufserfahrung lassen den Autor Vonnegut 1992 die Auf- und Abbewegungen in der Gunst des Literaturbetriebs denn auch mit Gelassenheit verfolgen. »Das Schöne an meinem Beruf ist, dass es unter Romanautoren fast keinen Neid gibt«, erzählt mir Vonnegut. »Ich glaube, das ist auf der ganzen Welt so. Wir wissen alle, was es heißt, so allein und auf sich gestellt zu arbeiten, ohne jemand anderen für einen Fehlschlag verantwortlich machen zu können. Deshalb mögen wir uns in der Regel und feiern unsere gegenseitigen Erfolge. Meine Einstellung zu allen Experimenten in den Künsten ist die gleiche wie die, die ich zu den Drogenexperimenten der 60er Jahre hatte: Wenn die Leute das Zeug sowieso schlucken, warum dann nicht herausfinden, was es bewirkt? Vielleicht entdecken sie zufällig etwas ganz Tolles? Leider war das bei den Drogen nicht der Fall. Obwohl Heroin, nach allem, was ich höre, wundervoll sein soll. Freilich ist der Preis dafür verdammt hoch.«

Vonnegut bricht in dröhnendes Gelächter aus, gefolgt von rasselndem Husten. Er steckt sich eine neue Pall Mall an und erzählt, warum er sich nicht wie andere Künstler ganz auf den engen Kreis der persönlichen Erfahrung zurückzieht. »Ich habe als Lehrer und Journalist gearbeitet, und in beiden Berufen hat man das Ziel, zu informieren und zu unterrichten. Wer dieses Ziel aufgibt, verschwendet in meinen Augen nur Zeit und Papier. Ich finde, es gibt so vieles, über das sich zu reden lohnt, dass es mir ein Rätsel ist, wie man heute als Schriftsteller Minimalist sein kann. Die minimalistischen Maler haben ihrem Lebensgefühl Ausdruck verliehen. Das war ein sehr persönlicher Kommentar und zudem auch ein Kommentar über den Kunstmarkt. Ich kenne viele dieser Maler, und auch sie wollen ihre Brötchen verdienen. Sie haben Frau und Kinder, Hauspersonal und was weiß ich. Meine beiden Töchter zeichnen so gut wie Albrecht Dürer und wurden dafür auf der Kunstakademie zur Schnecke gemacht. Das gilt heute als passé. Diese neue Masche gibt den Kritikern etwas zum Reden. Das Ironische am Minimalismus war, dass er die Leute zwang, ausführlich über absolut nichts zu reden. Deshalb sind sie so begeistert, wenn irgend jemand mit etwas Neuem kommt, über das man tatsächlich etwas aussagen kann. Nehmen Sie nur Julian Schnabel, ein Künstler, der Porzellanscherben auf seine Leinwände klebt. Damit wurde er zum Mann der Stunde, denn für

Kurt Vonnegut Jr., rechts, im Gespräch mit dem kanadischen Regisseur und Filmproduzenten Mark Robson in Hollywood. Vonnegut und Robson arbeiteten bei der Verfilmung von Vonneguts erstem Theaterstück *Happy Birthday, Wanda June* zusammen. Aufnahme vom 27. April 1971.

Der Autor Joseph Heller und Edith Vonnegut bei der Eröffnung der Russell Chatham Art Exhibition am 14. Oktober 1981 in der Central Falls Gallery in New York City.

A·D·1950
AGE·66

die Kritiker war das eine Erlösung. Jetzt konnten sie wenigstens über Porzellanscherben reden.« Vonnegut lacht Tränen. »Meine Frau hatte eine Sammlung von Tellern mit Porträtdarstellungen aus dem napoleonischen Zeitalter. Das waren sehr hübsche Porträts von Adligen auf Porzellantellern, die bei uns in einem Gestell an der Wand hingen. Eines Tages fiel das Gestell herunter, und die ganze Sammlung zerbrach in tausend Scherben. Also rief meine Frau den Agenten Schnabels an und fragte, ob Julian Schnabel die Scherben vielleicht gebrauchen könnte. Dadurch hätte sich schließlich für seine Arbeit eine ganz neue Dimension eröffnet – Fragmente von Adligen aus der Zeit Napoleons, die Kritiker wären begeistert gewesen. Aber Schnabel zeigte kein Interesse! Meine Frau war sehr enttäuscht, und auch ich finde, er hat sich da eine große Chance entgehen lassen.«

Vonneguts Auseinandersetzung mit der Kunst gipfelt in seiner Auseinandersetzung mit den abstrakten Expressionisten im Roman *Blaubart*, sie reicht aber bis weit in seine Kindheit zurück. Sein Vater hatte Architektur studiert und auch einige Zweckbauten entworfen, verstand sich jedoch eher als Künstler. Als die materielle Lage der vor dem Wall-Street-Crash 1929 überaus wohlhabenden Familie Vonnegut prekär wurde, zog er sich immer häufiger in sein Atelier zurück. Gezeichnet hat Kurt Vonnegut Jr. schon immer, doch seit den Dutzenden von Filzstiftzeichnungen in *Breakfast of Champions* von 1973 integrierte er seine Arbeit als grafischer Künstler auch häufig in sein schriftstellerisches Werk. Dennoch sind Vonneguts Grafiken nie bloße Illustration; eher verbindet sie derselbe trockene Witz und die Selbstironie mit seinem Schreiben, etwa wenn er Kilgore Trout als vieläugigen, unrasierten Pulloverträger vor einem goldenen Käfig mit geöffneter Tür positioniert oder sich selbst immer wieder als mal nachdenklichen, mal melancholischen Lockenkopf mit Schnauzbart porträtiert. Neben den Zeichnungen entstanden in Zusammenarbeit mit Joe Petro III Siebdrucke, die häufig schon durch ihre Titel wie *Tralfamadore #1* oder *Astronomy* den Zusammenhang mit seiner Literatur erkennen lassen, sofern sie nicht grafische Umsetzungen von sinnigen Sentenzen aus seinem Werk darstellen wie »We are here on Earth to fart around. Don't let anybody tell you any different.« oder »Peculiar travel suggestions are dancing lessons from God – Bokonon.«

Familienaufstellung

Für wen er schreibe, wurde Vonnegut einmal gefragt. Seine Antwort: für Leute, die intelligenter sind, als ihre Position in der Gesellschaft vermuten lasse. Dieser Satz verrät etwas vom stolzen Habitus des literarischen Autodidakten Kurt Vonnegut, der sich zeit seines Lebens um die literarische Avantgarde wenig gekümmert hat. Andererseits hat Vonnegut in seinen seit 1950 entstandenen Romanen, es sind vierzehn an der Zahl, nie einfach geradlinig Geschichten abgespult. Erzählt wird bei Vonnegut immer auf mehreren Ebenen zugleich, und ein wenig steckt der Poeta doctus, der listig Fährten legende Gelehrte, auch in ihm – nur schöpft er neben Klassikern wie Swift und Melville, Ambrose Bierce und Mark Twain noch aus anderen Quellen. Seine Romane wimmeln von Anspielungen auf Werbeslogans, berühmte Komiker der Filmgeschichte und längst vergessene Eigenbrötler der politischen Szenerie um 1900. Nicht zuletzt hat er in seinem Werk etliche Gestalten und Begriffe geschaffen, auf die er immer wieder zurückkommt – sie sind Teil des Vonnegutschen Kosmos, seiner Automythologie.

In einer so ahistorischen Gesellschaft wie der amerikanischen fällt besonders die Hartnäckigkeit auf, mit der Vonnegut sowohl die Weltgeschichte als auch seine private Familiengeschichte immer wieder in sein Schreiben einbezieht. Diese Berührungspunkte zwischen Vonneguts Leben und dem seiner Romanfiguren sind der Grund dafür, dass selbst seine phantastischsten Plots so real wirken. Die biographische Annäherung an Vonnegut ist denn auch der vielversprechendste Weg zu einem Verständnis seines Werks, das bei der Kritik eine heillose Sprachverwirrung ausgelöst hat. Da ist von Vonneguts Fatalismus, Ironie und Sarkasmus die Rede, seine Romane werden wahlweise als Parodien, Persiflagen, Satiren, Allegorien oder Parabeln gedeutet. Das alles ist nicht ganz falsch und geht doch immer haarscharf am Kern vorbei.

Kurt Vonnegut, 1973.

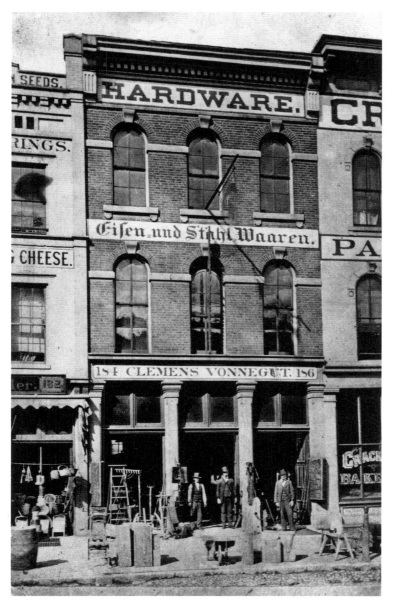

Clemens Vonnegut Sr. (1824–1906), Kurt Vonneguts Urgroßvater, gründete 1850 zunächst das Warenhaus Vollmer & Vonnegut, das später, als Vonneguts Partner von einer Reise zu den kalifornischen Goldfeldern nicht mehr zurückkam und Vonneguts Söhne Clemens, Frank und George in die Firma einstiegen, in Vonnegut Hardware Company umbenannt wurde. Er war einer der angesehensten deutschstämmigen Geschäftsleute in Indianapolis in der zweiten Hälfte des 19. Jahrhunderts.

Die Vonnegut Hardware Company. Aufnahme von 1878.

Vonnegut will diese Mehrdeutigkeit. Seine Texte sind bewusst so offen gehalten, dass immer dann, wenn eine feste Interpretation gefunden zu sein scheint, der Oberspielleiter auftaucht und dem Leser eine Nase dreht. Soviel steht immerhin fest: Alle seine Romane knüpfen an das bodenständig-konservative Milieu des amerikanischen Mittleren Westens an, in das Kurt Vonnegut als drittes Kind von Edith Sophia Lieber und Kurt Vonnegut Sr. am 11. November 1922 hineingeboren wird – am »Armistice Day«, wie die Amerikaner den Tag des Waffenstillstands von Compiègne bis 1945 nennen. Vonneguts Geschwister sind sein acht Jahre älterer Bruder Bernard und seine fünf Jahre ältere Schwester Alice.

Vonneguts Vorfahr Clemens Vonnegut, der Sohn eines Steuereintreibers aus Westfalen, kam nach der gescheiterten Märzrevolution 1848 in die USA und ließ sich nach Zwischenstationen in New York und Cincinatti in Indianapolis nieder. Dort gründete er mit einem Klassenkameraden aus Deutschland die Eisenwarenhandlung Vollmer & Vonnegut. »Alles, was in diesem Land Antisemiten abstoßend an Juden finden, ist in Wahrheit abstoßend an Deutschen«, erklärt mir Vonnegut über seine deutschen Wurzeln. »Es waren ja auch deutsche Juden, die durch ihr Deutschtum dieses Klischee überhaupt erst aufkommen ließen. Meine Verwandten bildeten einen regelrechten Klüngel, sie heirateten untereinander und gingen keine Mischehen mit den Angloamerikanern ein, sie sprachen zu Hause eine fremde Sprache und waren äußerst erfolgreiche Geschäftsleute. Meine Vorfahren kamen in dieses Land, ehe es die Freiheitsstatue gab. Sie waren gebildete Leute und verfügten über etwas Geld, sie waren Spekulanten. Sie kauften Geschäfte oder Land, sie gründeten Banken und hatten – ganz dem jüdischen Klischee entsprechend – überdurchschnittlichen Erfolg, was bei den Angloamerikanern, die schon viel länger hier waren, natürlich Anstoß erregte. Was meine Vorfahren aus Deutschland vertrieben hatte, verkörperte auf groteske Weise der Kaiser und seine Familie. Sie verabscheuten diese Pickelhauben, die deutsche Form des Christentums, diese Militärfrömmigkeit, davor waren sie weggelaufen. Mit der Zeit hassten sie Deutschland. Aber die deutsche Musik und die deutschen Dichter haben ihnen immer sehr viel bedeutet. In gewisser Weise bin ich das Opfer eines anhaltenden Deutschenhasses, der bis in die Zeit vor dem Ersten Weltkrieg zurückgeht. Jeder vierte weiße Amerikaner stammt von Deutschen ab. Ich habe rein deutsche Vorfahren, aber mir war immer bewusst, dass die Angloamerikaner in unserer Gesellschaft die Deutschen nicht mochten. Und dieser Hass trat während des Ersten Weltkriegs

Buster Keaton in *Der General*. Um 1926.

Kurt Vonnegut, 1977.

an die Oberfläche – damals wurden die Geschäfte meiner Verwandten in Indianapolis boykottiert. Auch heute mögen die Angloamerikaner die Deutschen nicht, denn sie wissen nicht recht, was sie von ihnen halten sollen.«

Die antideutschen Ressentiments im Amerika der 20er Jahre sind noch so stark, dass Vonneguts Eltern ihre Kinder ganz bewusst ohne Verbindung zu ihrem kulturellen Erbe aufwachsen lassen – was Vonnegut ihnen später zum Vorwurf machen wird. Vonneguts Mutter stammt aus der millionenschweren Bierbrauerdynastie Lieber; eine Dienerschaft gehört in den 20er Jahren noch ebenso selbstverständlich zum Lebensstil der Vonneguts wie ausgedehnte Europareisen. Das sollte sich rasch ändern, denn die Prohibition trifft die Familie sehr hart – die Lieberschen Bierbrauereien müssen schließen, das Familienvermögen schmilzt dahin. Kurt Vonnegut muss von einer teuren Privatschule auf eine öffentliche Schule wechseln.

Der Eindruck, den die Verarmung der Familie während der Weltwirtschaftskrise auf Vonnegut macht, ist nicht zu unterschätzen. Der Achtjährige erlebt, wie die als unerschütterlich geltende Welt bürgerlicher Wohlhabenheit seiner Eltern praktisch über Nacht aus den Fugen gerät. Was den Eltern nie gelingen soll – sich auf die so unerwartet veränderten Lebensbedingungen einzustellen –, bereitet ihrem Sohn keine Probleme. Später wird dies zu einem Grundmotiv seines Schreibens: der in allen seinen Romanen aufscheinende Relativismus – wie unerwarteter Reichtum, plötzliche Armut, eine globale Katastrophe oder sonst eine abrupte Veränderung Weltbilder buchstäblich auf den Kopf stellen können.

Und noch ein zweiter Einfluss auf den Schriftsteller Kurt Vonnegut reicht in die Zeit der Weltwirtschaftskrise zurück: die Begegnung mit den großen amerikanischen Komikern der 20er und 30er Jahre. Einige – Buster Keaton und Laurel und Hardy – lernt er im Kino kennen, andere – Fred Allen und Jack Benny etwa –, haben eigene Radioshows und erreichen damit eine Popularität, die sich mit der großer Hollywoodstars messen kann.

Slapstick, Vonneguts persönlichstes Buch, widmet er Laurel und Hardy, die er als »zwei Engel meiner Zeit« bezeichnet. Die Komik von Laurel und Hardy ist immer ein Lachen unter Tränen und darin der Komik Vonneguts sehr ähnlich. So tollpatschig das Duo sich auch anstellt, es lässt sich nie unterkriegen, versucht immer, sein Bestes

034625

Die Shortridge High School in Indianapolis.
Aufnahme zwischen 1900 und 1910.

zu geben, um die jeweilige Situation zu meistern – darin sind Laurel und Hardy geistige Verwandte der Vonnegutschen Antihelden.

Als Vonnegut 1940 die High School beendet, ist das durch die Unfähigkeit der Mutter, sich an die eingeschränkten Möglichkeiten anzupassen, unaufhaltsam zusammenschmelzende Familienvermögen fast aufgebraucht. Seine Eltern erteilen Kurt Vonnegut die strikte Anweisung, nur etwas zu studieren, das seinen Mann ernähren kann – am besten eine Naturwissenschaft wie sein älterer, am 29. August 1914 geborener Bruder Bernard, aus dem ein berühmter Chemiker und Meteorologe wird. Bernard Vonnegut nimmt sehr zum Verdruss seines jüngeren Bruders großen Anteil an dessen Collegeausbildung, zwingt ihn regelrecht dazu, den Geisteswissenschaften den Rücken zu kehren, und tut überhaupt sein möglichstes, Kurt alle idealistischen Flausen auszutreiben. Bernards sowohl die künstlerischen Ambitionen des Vaters wie des jüngeren Bruder verdammendes Verdikt »Kunst ist ornamental!« wird Kurt Vonnegut zeit seines Lebens wie ein Mantra wiederholen und nicht selten in seinen Romanen der Lächerlichkeit preisgeben. Die Familienaufstellung der Vonneguts wäre nicht komplett ohne die 1917 geborene Schwester Alice, den wichtigsten Menschen seiner Kindheit, wie Vonnegut nicht müde wird zu erzählen. »Alles, was ich über Komik und Timing weiß, hat mich das Buhlen um die Aufmerksamkeit meiner Eltern und Geschwister gelehrt.«

»Ich glaube, ich jage mir eine Kugel durch den Kopf.«

Kurt Vonneguts Bruder Bernard in seinem Forschungslabor. Er untersuchte die Möglichkeit der künstlichen Wetterbeeinflussung durch Impfen von Wolken. Aufnahme vom 1. Oktober 1948.

Während in Europa bereits der Zweite Weltkrieg tobt, verlässt Kurt Vonnegut Indiana, um auf Anraten Bernards im Staat New York an der Universität von Cornell Chemie zu studieren. Er immatrikuliert sich für dieses Fach, doch sein Interesse gilt längst dem Schreiben. Das Handwerkszeug dazu hat er aus Indianapolis mitgebracht, »wo die Alltagssprache wie eine Bandsäge klingt, die sich durch Bleche frisst, und wo der Wortschatz schmucklos ist wie ein Satz Schraubenschlüssel«, wie er später schreibt. Auf seiner High School in Indianapolis hat Vonnegut an einer Schülerzeitung mitgearbeitet, nun bietet sich ihm in Cornell die Chance, neben seinem Studium als Redakteur für die Studenten-Tageszeitung *Sun* zu schreiben. Für die *Sun* berichtet Vonnegut über das Campus-Leben, schreibt erste Geschichten und auch politische Kolumnen, in denen er vor einem Eintritt der USA in den Zweiten Weltkrieg warnt – so heftig, dass die anderen Redakteure sich in einem Artikel von Vonneguts Ansichten distanzieren.

Ob hinter Vonneguts Warnung vor dem Kriegseintritt wirklich schon eine pazifistische Grundüberzeugung stand oder nicht eher der Isolationismus und die Deutschfreundlichkeit eines Charles Lindbergh, muss offen bleiben. 1943, als er nicht nur sein Chemiestudium, sondern auch die mit dem Studienplatz in Cornell automatisch einhergehende ROTC-Anwartschaft auf eine Offiziersstelle vermasselt hat, meldet sich Vonnegut freiwillig als einfacher Soldat zum Heer. Er entgeht damit nicht nur der Einberufung, sondern auch der zunehmend irrealen Atmosphäre in seinem Elternhaus. Kurt Vonnegut Sr. kann keine Arbeit als Architekt finden und widmet sich ganz dem Malen. Vonneguts Mutter versucht, durch das Schreiben von Kurzgeschichten Geld zu verdienen – ohne Erfolg. Ihr fehlt »das Händchen fürs Vulgäre«, wie ihr Sohn es später ausdrückt.

»Allie starb in New Jersey; sie und ihr Mann, Jim, ebenfalls ein ›Hoosier‹, wie die ungeschlachten Eingeborenen des Bundesstaates Indiana heißen, sind nebeneinander auf dem Crown-Hill-Friedhof von Indianapolis beerdigt. Außerdem liegt dort James Whitcomb Riley, der Hoosier Poet, ein Hagestolz und Suffkopp. Außerdem liegt dort John Dillinger, der geliebte Bankräuber der 30er Jahre. Außerdem liegen dort unsere Eltern, Kurt und Edith, und der kleine Bruder meines Vaters, Alex Vonnegut, der Lebensversicherungsvertreter mit der Harvard-Ausbildung, der immer, wenn das Leben gerade schön war, sagte: ›Wenn das nicht schön ist, was denn dann?‹ Außerdem liegen dort zwei frühere Generationen der Vorfahren meiner Eltern: ein Brauer, ein Architekt, Kaufleute und Musiker und natürlich ihre Frauen. Ein volles Haus!« (*Zeitbeben*, S. 48f.)

Das Eingangsportal des Crown Hill Friedhofs in Indianapolis, um 1905.

1982 setzt Vonnegut seinen Eltern in dem Roman *Zielwasser* ein Denkmal, doch es ist keine postume Liebeserklärung. Vonneguts Vater steht Pate für die Figur des exzentrischen Deutsch-Amerikaners Otto Waltz, der 1910 in Wien von der Akademie der Schönen Künste abgewiesen wird. Waltz bleibt in Wien und freundet sich dort mit einem anderen Möchtegern-Maler an – sein Name: Adolf Hitler. Wieder in den USA, macht Waltz aus seinem Haus eine regelrechte Weihestätte für die deutschen Nazis. Als sein Sohn beim Spielen mit einem Gewehr eine schwangere Frau erschießt, stürzt dieser Unfall die Familie ins Elend, der Vater kommt ins Gefängnis. Die in Rückblenden erzählte Geschichte endet mit der Zerstörung von Waltz' Heimatstadt durch eine Neutronenbombe – es bleibt offen, ob dies ein Unfall oder ein absichtlicher Test der amerikanischen Regierung war. So verfremdet diese mit ihren apokalyptischen Momenten typische Vonnegut-Geschichte auch ist, in einem Punkt entsprechen Vonneguts Eltern, die zeit ihres Lebens Pazifisten waren und keinerlei Sympathien für die Nazis hegten, genau dem Ehepaar Waltz: in ihrer Lebensuntüchtigkeit.

Vonneguts Mutter hatte ihre ganzen Hoffnungen darauf gesetzt, mit Schreiben einen Ausweg aus der materiellen Misere zu finden. Die Ablehnung ihrer Kurzgeschichten und der Krieg in Europa, in dem ihr Sohn vielleicht sein Leben lassen wird, sind zuviel für sie – am 14. Mai 1944 bringt sie sich um. Anfang der 80er Jahre schreibt Vonnegut in einem Essay, Selbstmord sei immer eine Versuchung für ihn gewesen, da seine Mutter so viele Probleme dadurch gelöst habe. »Das Kind eines Selbstmörders denkt ganz natürlich an den Tod als logische Lösung jedes Problems, selbst einer einfachen Rechenaufgabe. Frage: Wenn Bauer A 300 Kartoffeln in der Stunde pflanzen kann, und Bauer B fünfzig Prozent schneller arbeitet, und Bauer C pro Stunde ein Drittel so viele Kartoffeln wie Bauer B pflanzen kann, wie viele Neunstundentage benötigen dann Bauer A, Bauer B und Bauer C, wenn sie gemeinsam 25 Morgen Land mit Kartoffeln anpflanzen sollen? Antwort: Ich glaube, ich jage mir eine Kugel durch den Kopf.«

Dresden

Mit Gewehren, Revolvern und Pistolen kennt sich Kurt Vonnegut Jr. gut aus. Von Kindesbeinen an hat ihm sein Vater die umfangreiche Waffensammlung der Vonneguts zum Spielen überlassen – was ihm nicht nur bei der Ausbildung als Scharfschütze hilft, sondern später auch Niederschlag in Romanen wie *Zielwasser* findet. Im Herbst 1944 wird Kurt Vonnegut von der Army als Gefreiter im 423. Regiment der 106. Infanteriedivision nach Übersee geschickt. Soldat Vonnegut erlebt in der Schneeeifel die größte Niederlage der amerikanischen Armee im Zweiten Weltkrieg. Die Ardennenoffensive am 16. Dezember 1944 reibt Vonneguts Einheit binnen weniger Tage restlos auf. Hinter den deutschen Linien gerät er am 19. Dezember in Kriegsgefangenschaft und gelangt über Koblenz und Limburg ins Stammlager IV B im sächsischen Mühlberg. Mitte Januar wählt man Vonnegut für ein Arbeitskommando aus und schickt ihn nach Dresden, wo er zunächst Trümmergrundstücke und Schutt von den Straßen räumen muss, bis man ihn mit einigen anderen Kriegsgefangenen zur Zwangsarbeit in einer Fabrik heranzieht, die Malzsirup für schwangere Frauen herstellt. Vonnegut wird wegen seiner Deutschkenntnisse – er hat einiges in der Familie aufgeschnappt und auf Drängen seines Bruders Bernard gegen seinen Willen zwei Jahre Deutsch als Fremdsprache auf der High School belegen müssen – als Dolmetscher ausgewählt.

Dresden ist die erste europäische Großstadt, die Vonnegut zu Gesicht bekommt. Den Architektensohn beeindrucken die prächtigen Bauten und Parks ebenso wie die für einen Jungen aus Indianapolis schier unfassbare Geschichtsträchtigkeit der Musik-, Literatur- und Kunstmetropole.

In der Nacht vom 13. auf den 14. Februar 1945 fliegen britische, kanadische und amerikanische Bomberverbände einen militärisch sinn-

»Als Kriegsgefangene haben wir natürlich nicht zu knapp mit toten Deutschen zu tun gehabt, sie aus Kellern ausgraben, weil sie dort erstickt waren, und auf einen großen Scheiterhaufen geschafft. Und ich habe gehört – mit eigenen Augen gesehen habe ich es nicht –, daß diese Prozedur bald aufgegeben wurde, weil sie zu langsam war und die Stadt natürlich anfing, ziemlich schlecht zu riechen. Und sie haben Jungs mit Flammenwerfern reingeschickt. Warum meine Mitgefangenen und ich nicht umgebracht wurden, weiß ich nicht.« (*Mann ohne Land*, S. 30)

Aufgereihte Leichen nach den britisch-amerikanischen Luftangriffen am 13. und 14. Februar 1945 in Dresden.

oben:
Eingang zum Stammlager IV B, fünf Kilometer nordöstlich von Mühlberg in Sachsen.

unten:
»Ich habe die Zerstörung von Dresden gesehen. Ich habe die Stadt vorher gesehen und kam dann aus dem Luftschutzkeller und habe sie nachher gesehen, und eine Reaktion war ganz bestimmt Gelächter. Das ist, weiß Gott, die Seele, die etwas Erleichterung sucht.« (*Mann ohne Land*, S. 14f.)

Ansicht des zerstörten Stadtzentrums von Dresden, Blick über die Elbe nach der Neustadt, in der Bildmitte der Neumarkt und die Ruine der Frauenkirche. Foto von 1945 oder 1946.

losen Angriff auf das mit Flüchtlingen überfüllte Dresden. Zwischen an Haken reifenden Rinderhälften im Schlachthof 5 überlebt der zu Aufräumarbeiten in die Stadt abkommandierte Vonnegut; der Name des Behelfsquartiers, in dem das aus amerikanischen Kriegsgefangenen gebildete Arbeitskommando 557 untergebracht ist, wird 25 Jahre später zum Titel von Kurt Vonneguts berühmtesten Roman: *Schlacht-hof 5*.

Am Ende des Flächenbombardements steht eine unvorstellbare Zahl von Opfern – die Schätzungen reichen von mindestens 60.000 bis zu über 135.000 Toten. Fast fünfzig Jahre danach frage ich Vonnegut, wie ihn die Erfahrung des Dresdner Feuersturms verändert hat. »Damals war ich ungefähr zwanzig Jahre alt, und für mich war das bloß ein Abenteuer. Meine politische Einstellung wurde dadurch nicht verändert, und da ich von amerikanischen Freidenkern abstamme, die Atheisten waren, verlor ich auch nicht meinen Glauben an Gott. Ich hatte keinen Glauben, den ich verlieren konnte. Um zu verstehen, was meinen Charakter geprägt hat, müssten Sie wissen, welche Hunde in meiner Nachbarschaft gelebt haben, als ich acht Jahre alt war. Ich erinnere mich an alle, und ich wusste, welche man streicheln durfte und welche nicht. Für mich war Dresden also ein großes Abenteuer, und nicht nur das – auch ein gewinnträchtiges Abenteuer. Nur ein Mensch auf dieser Erde hat von dem Bombenangriff auf Dresden profitiert. Kein einziger wurde auch nur eine Mikrosekunde früher aus einem Konzentrationslager entlassen, kein einziger deutscher Soldat wich von seiner Stellung zurück und verkürzte dadurch den Krieg. Nur ein Mensch hat daraus Vorteil gezogen, und dieser Mensch bin ich, ein amerikanischer Gefreiter, der dabei war. Ich habe fünf Dollar an jedem Toten verdient, indem ich ein Buch darüber geschrieben habe. Außerdem darf ich in diesem Land sagen, was ich will, richtig unverschämte Sachen über die Regierung, den Kapitalismus oder sonstwas – und das alles nur, weil man glaubt, ich hätte gelitten, als ich den Dresdner Feuersturm überlebt habe, dabei war das für mich nur ungeheuer interessant. Und natürlich auch tragisch, natürlich auch schrecklich. Die Kriegsgefangenen durften ins Zentrum der Stadt, man teilte uns dazu ein, die Leichen aus den Kellern zu holen. Auf diese Weise habe ich verdammt viele Leichen zu Gesicht bekommen. Später habe ich Fotos und Wochenschauen von den Wachmannschaften der Konzentrationslager gesehen, die ich wirklich für den Abschaum der Menschheit halte, furchtbare Menschen – die SS. Nach der Befreiung der Lager durch die Amerikaner, Briten oder Franzosen wurden diese Leute gezwungen, Leichen in

Städt. Vieh- und Schlachthof Dresden
Blick nach dem Schlachthofe

Der im Heimatschutzstil erbaute und
1910 fertiggestellte Städtische Vieh- und
Schlachthof (Erlweinscher Schlachthof)
von Dresden im Großen Ostragehege.
Historische Ansichtskarte.

Kurt Vonnegut als Soldat im Jahr 1943.

Kalkgruben zu tragen. In alten Wochenschauen ist zu sehen, wie die SS-Leute das machen, während die Bevölkerung zusieht. Na ja, das habe ich auch gemacht.«

Vonnegut lacht schallend, als er mir dies erzählt. Dieses allzu laute Lachen ist wohl die ihm einzig mögliche Reaktion auf das, was er in Dresden erlebt hat: das größte Massaker, das in Europa während des Zweiten Weltkriegs an der Zivilbevölkerung verübt wurde. Tag für Tag wird Vonnegut zum Bergen von Leichen abkommandiert, bis man sich darauf verlegt, nur noch Wertsachen aus den Kellern zu holen und die Leichen vor Ort mit Feuerwerfern einzuäschern. Am 1. April 1945 muss er mitansehen, wie ein amerikanischer Mit-gefangener wegen eines Glases Essiggurken, das er aus einem der Leichenkeller gestohlen hat, als Plünderer standrechtlich erschossen wird. Über zwanzig Jahre sollte Vonnegut brauchen, um über seine Erfahrung in Dresden schreiben zu können.

Auf der Flucht vor der heranrückenden Roten Armee werden die Kriegsgefangenen aus der Stadt geführt; während des Transports lassen die deutschen Wachen am 17. April 1945 in Hellendorf ihre Gefangenen plötzlich allein. Das Chaos der folgenden Tage, in denen die Alliierten immer weiter vorrücken, bringt zwar die schlimmste Hungerzeit für die Amerikaner mit sich, doch der Krieg ist auch für Vonnegut damit zu Ende.

Die Vonneguts als junge Vorstädter.
Kurt Vonnegut mit seiner ersten Frau
Jane Marie Cox und den Kindern Mark,
Edith und Nanette (von links nach
rechts). Aufnahme um 1950.

Rückkehr und Neuanfang

Als Vonnegut im Sommer endlich nach Amerika zurückkehrt, macht er als erstes seiner Kindergartenliebe Jane Marie Cox einen Heiratsantrag. Am 14. September heiraten Kurt Vonnegut und Jane Cox in Indianapolis. Trotz der Bedenken seines Bruders Bernard, der wegen seiner für kriegswichtig erachteten Forschungsarbeit als vom Militärdienst befreiter Wissenschafter im Krieg am MIT Karriere gemacht hat und seit 1945 für General Electric arbeitet, kommt für Vonnegut zu diesem Zeitpunkt eine Fortsetzung seines Chemiestudiums in Cornell nicht mehr in Frage. Ein Gesetz zur Wiedereingliederung der heimgekehrten GIs ermöglicht es ihm, gemeinsam mit seiner Ehefrau, die sich mit einem Stipendium ausgestattet für slawische Sprachen immatrikuliert, an der Universität von Chicago ein neues Studium aufzunehmen. Diesmal entscheidet er sich für Anthropologie. Im Mai 1947 kommt der nach Mark Twain benannte Sohn Mark zur Welt, und Jane gibt ihr Studium auf – eine Entscheidung, die sie ihr Leben lang bereuen wird.

Nebenher arbeitet Vonnegut als Polizeireporter beim Chicago City News Bureau, lernt dort die Feinheiten des Schreibens für den Tag. Das journalistische Handwerk hat Vonneguts Stil nachhaltig beeinflusst. Er schreibe mit einer Kinderstimme, hat er einmal bekannt. Die Wirkung dieses Stils beruht auf dem Kontrast zwischen den prägnant-kurzen, tatsächlich fast ›kindlichen‹ Sätzen und dem oft genug Unfassbaren, was da beschrieben wird. Am Ende der Kurzkapitel seiner Romane stehen häufig belanglose Redensarten – »So geht das«, »Hi Ho«, »Und so fort« –, die den paradigmatischen Charakter des Erzählten betonen und gleichzeitig Distanz dazu schaffen.

Nach zwei Jahren an der Universität verabschiedet sich auch Vonnegut von seiner Ambition, einen Magisterabschluss in Chicago zu erwerben. Nachdem das Prüfungskomitee seinen ersten Vorschlag

»Mein erstes Buch, *Player Piano*, handelte von Schenectady. In Schenectady gibt es große Fabriken und sonst nichts. Meine Kollegen und ich waren Ingenieure, Physiker, Chemiker und Mathematiker. Und als ich über die Firma General Electric und Schenectady schrieb, kam das Kritikern, die den Ort noch nie gesehen hatten, wie eine Phantasie aus der Zukunft vor. Ich finde, daß Romane, in denen keine Technik vorkommt, das Leben so schlimm verfälscht darstellen wie die Viktorianer, bei denen kein Sex vorkam.« (*Mann ohne Land*, S. 29)

Die Turbinenanlage von General Electric in Schenectady, New York. Foto von 1949.

Kurt Vonnegut und Studenten des Lehrercolleges der Ball State University. Foto von 1964.

für eine Magisterarbeit abgelehnt hatte – er wollte den Kubismus im Paris der Jahrhundertwende mit der Kultur der amerikanischen Ureinwohner vergleichen –, entscheidet sich Vonnegut auf Anraten seiner Professoren zunächst für ein einfacheres Thema. Nun will er das Verhältnis von Gut und Böse in Volkssagen und moderner Trivialliteratur untersuchen, ihn interessieren die Strukturprinzipien der Kurzgeschichten in der *Saturday Evening Post* oder der *Collier's Weekly* – prestigeträchtigen und zahlungskräftigen Magazinen der damaligen Zeit. Dahinter steckt natürlich der Traum seiner Mutter, vom Schreiben leben zu können. Aber auch dieses zweite Thema für eine Magisterarbeit überfordert den jungen Vater. Ohne Abschluss verlässt Vonnegut die Universität von Chicago und nimmt 1947 eine ihm auf Empfehlung seines Bruders angebotene Stelle in der Presseabteilung von General Electric in Schenectady an, dem größten Elektrokonzern der Welt. Er macht Public Relation für die Forschungsabteilung, das Glanzstück des Weltkonzerns, dessen Werbeslogan damals lautet: »Fortschritt ist unser wichtigstes Produkt.«

Im Februar 1950 veröffentlicht *Collier's* für das sagenhafte Honorar von 750 Dollar Vonneguts erste Erzählung *Report on the Barnhouse Effect*. Auch seine im Folgenden entstehenden Geschichten bringen seine Agenten Littauer & Wilkinson fast alle bei gut zahlenden Familienzeitschriften unter. Dies und die Annahme seines ersten Romans bei einem New Yorker Verlag bestärken Vonnegut in dem Entschluss, 1951 den ungeliebten PR-Job bei General Electric an den Nagel zu hängen und nach Cape Cod zu ziehen, obwohl er mit der am 29. Dezember 1950 geborenen Edith inzwischen ein zweites Kind hat. Als freiberuflicher Schriftsteller möchte er nun endlich Zeit für sein großes Buch finden und zu seinen Generationsgenossen Norman Mailer und James Jones aufschließen, die mit ihren Kriegsromanen bereits Weltruhm genossen. Vorderhand müssen jedoch weitere Erzählungen geschrieben werden, um den Alltag zu finanzieren. Und so kommt Vonneguts Plan zu einem Roman über Dresden trotz mehrerer Anläufe nicht recht vom Fleck. Zu nah ist das Erlebnis noch, zu quälend die ihn häufig heimsuchenden Alpträume, zu gegenwärtig die Bilder der Leichen, die Vonnegut aus den Dresdner Kellern bergen musste.

Inkubationszeit
und Durchbruch

Zunächst beginnt Vonnegut mit der Arbeit an *Player Piano*, einer Antiutopie in der Tradition Orwells und Huxleys über die Fortschrittsgläubigkeit, die ihn im zukunftsorientierten Schenectady umgibt. »Dies Buch ist kein Buch über das, was ist, sondern über das, was sein könnte«, lautet der erste Satz des Romans. Vonneguts täglicher Umgang mit Wissenschaftlern lässt ihn die Handlung des Romans wie selbstverständlich in eine Zukunft verlegen, in der ganz Amerika den Vorstellungen der Planungsstrategen von General Electric gleicht. Schon dieser erste, noch recht konventionell konstruierte Roman veranschaulicht Vonneguts pessimistische Weltsicht: *Player Piano*, das mechanische Klavier, stellt die Frage, was den Menschen zum Menschen macht – wenn man so will, eine sehr freie, sehr amerikanische Variation von Heinrich von Kleists Essay *Über das Marionettentheater.* »Die Maschinen … haben die Kompetenzen überschritten, die das amerikanische Volk ihnen bereitwillig eingeräumt hat, um die Regierungsarbeit zu erleichtern«, so Vonneguts Held mit dem sprechenden Namen Paul Proteus. »Die Staatsgewalt geht in den Vereinigten Staaten vom Volk, nicht von den Maschinen aus, und das Volk kann sie zurückhaben, wenn es will. Automatisierung und Organisation und das Streben nach Wirtschaftlichkeit haben das amerikanische Volk um Freiheit und das Streben nach Glück gebracht.« Doch so gegenwärtig sich heute im Rückblick die politischen und philosophischen Fragestellungen von *Player Piano* ausnehmen, so unbefriedigend ist das stilistische Niveau von Vonneguts Debüt. Dies gilt nicht für die zeitgleich mit *Player Piano* entstehenden Kurzgeschichten, die dem Autor zwar hauptsächlich als stilistische Fingerübungen dienen, deren Form er aber besser im Griff hat als die des Romans.

Bis Ende der 50er Jahre folgen in Vonneguts Erwerbsbiographie noch drei kurze Zwischenspiele als Saab-Autohändler, Englischlehrer und

Kurt Vonnegut 1969 in seinem Garten.

»Der afroamerikanische Jazzpianist Fats
Waller hatte einen Satz drauf, den er heraus-
schrie, wenn sein Spiel absolut brillant und
ausgelassen war. Er lautete: ›Kann mich mal
jemand erschießen, solang's mir noch so gut
geht?‹« (*Zeitbeben*, S. 18)

Fats Waller. Aufnahme von 1938.

Werbetexter. Doch die neben dem Feuersturm von Dresden prägendste Erfahrung für den Schriftsteller erwartet ihn am 15. September 1958, als sein Schwager Jim Adams bei einem Zugunglück in der Newark Bay ertrinkt und seine Schwester keine 24 Stunden später im Krankenhaus an Brustkrebs stirbt. Das Ehepaar Adams hinterlässt vier Söhne im Alter zwischen zwei und vierzehn Jahren, die Jane und Kurt Vonnegut zunächst alle bei sich aufnehmen – wodurch sich die Zahl der Kinder im Haushalt der Vonneguts von einem Tag auf den anderen auf sieben erhöht. Die Verarmung seiner Familie, der Selbstmord seiner Mutter, der Feuersturm von Dresden, die Absurdität des Todes seiner Schwester und seines Schwagers – das sind die Schlüsselerlebnisse, die Vonneguts Weltanschauung prägen. Fast scheint es, als hätte Vonnegut die folgenden Jahrzehnte damit verbracht, auf der Suche nach der richtigen Kombination die Mosaiksteine seiner bisherigen Lebenserfahrung in seinen Romanen immer wieder umzuordnen und neu zu gruppieren. Fest steht, erst jetzt macht er mit der künstlerischen Umsetzung dieser Erlebnisse zum ersten Mal Ernst und beginnt, alle Vorstellungen von Kohärenz, Linearität und Teleologie zu hinterfragen, auf die die Mehrzahl seiner Zeitgenossen angewiesen sind, um sich einen Sinn in ihrem Leben vorzugaukeln.

1959 veröffentlicht Kurt Vonnegut den Roman *Die Sirenen des Titan*. Für Vonnegut ist es ein Durchbruch zu der Schreibweise, die sein gesamtes folgendes Werk charakterisiert: Auf zahlreichen ineinandergreifenden Erzählebenen wird eine Geschichte berichtet, deren kosmologische Dimensionen alles irdische Geschehen relativieren. Es geht um den Außerirdischen Salo, der in grauer Vorzeit von seinem Heimatplaneten Tralfamadore den Auftrag erhält, eine wichtige Botschaft an den Rand des Universums zu befördern. Wegen einer Panne musste Salo vor Jahrhunderttausenden auf dem Saturnmond Titan notlanden, und im Lauf des Romans erweist sich, dass die gesamte menschliche Geschichte lediglich den einen Zweck hat, dem Gestrandeten ein Ersatzteil von der Größe eines Flaschenöffners zu besorgen. Vollends ins Irrwitzige schlägt die wildwuchernde Story um, als Salo seine ach so wichtige Botschaft bekannt gibt. Sie lautet: Schönen Gruß.

Tralfamadore liefert Vonnegut den Blick von außen, den er braucht, um jedweden Glauben an eine Zielgerichtetheit der menschlichen Geschichte ad absurdum führen zu können. Es ist das gleiche erzählerische Verfahren, das der große Misanthrop Jonathan Swift in *Gullivers Reisen* benutzt. Diese phantastischen Elemente sind bei

»For Eddie«. Kurt Vonnegut signiert 1979 ein Exemplar seines Buches *Jailbird*.

Kurt Vonneguts Signatur.

Vonnegut jedoch nie Selbstzweck; so utopisch oder bizarr der Handlungsrahmen anmutet, seine Geschichten sind fest im Hier und Jetzt verankert, Referenzebene ist stets die Lebenswirklichkeit von heute. Es waren in erster Linie kommerzielle und weniger ästhetische Bedenken, die Vonnegut Einspruch erheben ließen, wenn man ihn als Science Fiction-Autor bezeichnete. Eine Begegnung mit dem als Science Fiction-Autor bahnbrechenden, außerhalb des Genres aber komplett unbekannten Theodore Sturgeon tat ihr Übriges, um den mit einem feinen Gespür für Marktgegebenheiten und Rezeptionsbedingungen ausgestatteten Autor die Kategorisierung »SF« wie den Teufel das Weihwasser scheuen zu lassen. Nur weil er Technik zur Kenntnis nehme, so Vonnegut in einem Essay von 1965, werde er in das Schubfach »Science Fiction« gesteckt, und da fühle er sich eben unwohl, zumal es für manche seriöse Literaturkritiker als Pissbecken herhalten müsse.

»Ich habe eine naturwissenschaftliche Ausbildung erhalten«, erklärt Vonnegut sein zwiespältiges Verhältnis zur Science Fiction. »Literatur habe ich nie systematisch studiert. Als ich nach dem Zweiten Weltkrieg zu schreiben begann und meine Bücher als Science Fiction vermarktet wurden, störte mich das, weil die Science Fiction damals schlicht unter aller Kritik war. Der naturwissenschaftliche Hintergrund der meisten SF-Geschichten war lachhaft. Eine Ausnahme davon bildete der kürzlich verstorbene Isaac Asimov, der wie ich ursprünglich Biochemie studiert hatte. Bei Asimovs Geschichten konnte man sich darauf verlassen, dass sie wissenschaftlich Hand und Fuß hatten. Die frühen Science Fiction-Autoren schrieben alle auch Western-, Abenteuer- oder Liebesgeschichten, und ihre Science Fiction-Stories waren meist verkappte Piratengeschichten mit Raketen an Stelle von Schiffen. Sonderlich plausibel erschien mir das nicht.«

Für Vonnegut bedeutet die Einordnung in das Science Fiction-Genre ganz handfeste Nachteile: Seine Romane erscheinen zunächst lediglich als Taschenbücher, werden kaum besprochen und sind schon wenige Monate nach Erscheinen wieder vom Markt verschwunden. Solange Vonnegut seine Kurzgeschichten an die lukrativen Familienzeitschriften verkaufen kann, tröstet ihn sein vergleichsweise gutes Einkommen über die fehlende literarische Anerkennung hinweg. Doch als dieser Markt Mitte der 60er Jahre verschwindet und auch sein dritter Roman, *Mutter Nacht*, die Lebensbeichte eines vermeintlichen Nazi-Kollaborateurs, nur einen Taschenbuchverlag findet, ist Vonnegut am Tiefpunkt seiner Schriftstellerkarriere ange-

Kurt Vonnegut und seine Tochter Edith bei der Premiere des Musicals *God Bless You, Mr. Rosewater*. Edith Vonnegut hatte das Musical, das nach einem Buch ihres Vaters entstanden war, produziert. Foto vom 15. Oktober 1979.

langt. Kein Zufall, dass in diese Zeit die Erfindung von Kilgore Trout fällt, Vonneguts berühmtester Romanfigur. Trout, Verfasser obskurer Science Fiction-Romane, taucht zum ersten Mal in *Gott segne Sie, Mr. Rosewater* auf und steht für all das, was Vonnegut nach der Begegnung mit Theodore Sturgeon zu werden befürchtet: ein als Trivialautor abgestempelter, von seiner Frau verlassener Versager, dem als einziger Gesprächspartner sein Kanarienvogel bleibt. Doch in Gestalt von Kilgore Trout hat sich Vonnegut mehr als ein Alter Ego geschaffen – Trouts fiktive Werke, die Vonnegut in seinen folgenden Romanen zitiert, sind immer ein Spiegel des tatsächlichen Texts, dienen zur Kommentierung und Illustrierung der darin entwickelten Ideen.

»Es gibt kein Warum.«

Kurt Vonneguts wohl berühmtester Roman *Slaughterhouse-Five* erscheint 1969 und sein von Kurt Wagenseil ins Deutsche übersetzter, geradezu barock anmutender Titel spricht noch heute Bände:

»Schlachthof 5
oder
Der Kinderkreuzzug
von
Kurt Vonnegut jr.
einem Deutsch-Amerikaner der vierten Generation,
der jetzt in angenehmen Verhältnissen in Cape Cod lebt
(und zuviel raucht), der vor langer Zeit
als Angehöriger eines Infanterie-Spähtrupps kampf-
unfähig als Kriegsgefangener Zeuge des Luftangriffs
mit Brandbomben auf Dresden, ›dem Elb-Florenz‹,
war und ihn überlebte, um die Geschichte zu erzählen.
Dies ist ein Roman,
ein wenig in der telegraphisch-schizophrenen Art
von Geschichten auf dem Planeten Tralfamadore,
von wo die Fliegenden Untertassen herkommen.
Friede.«

Über zwanzig Jahre hatte es gedauert, bis Kurt Vonnegut klar geworden war, dass sich ein Massaker wie die Bombardierung Dresdens einer rein deskriptiven literarischen Verarbeitung entzieht, weil es eben auch psychisch nicht verarbeitet werden kann. Im Vorwort schreibt er, sein Buch sei so kurz und wirr und schrill, weil sich über ein Blutbad nichts Gescheites sagen lasse. *Schlachthof 5* wird Vonneguts bekanntestes Werk, wohl, weil darin seine antimilitaristische Einstellung am deutlichsten zum Ausdruck kommt und nicht so

Kurt Vonnegut Mitte der 8oer Jahre in seinem Haus.

»Ich glaube, der springende Punkt bei Laurel und Hardy ist, daß sie in jeder Situation ihr Bestmögliches gaben. Was sie auch taten, immer haderten sie treuherzig mit ihrem Schicksal, und das machte ihre unendliche Liebenswürdigkeit und Komik aus. […] Die Liebe stand nie zur Debatte. Und da ich in meiner Kindheit, die in die Zeit der Weltwirtschaftskrise fiel, von meinen Lebensmeistern Laurel und Hardy geradezu berauscht war, finde ich es vielleicht ganz natürlich, über das Leben zu sprechen, ohne die Liebe nur am Rande zu erwähnen. Die Liebe ist mir nicht wichtig. Aber was ist mir wichtig? Treuherzig mit dem Schicksal zu hadern.« (*Slapstick*, S. 9f.)

Stan Laurel und Oliver Hardy im Film *Saps at Sea* (*Auf hoher See*) von 1940.

stark von der relativistischen, jede Ideologie als gleich lächerlich betrachtenden Haltung der späteren Romane überlagert wird. Erzählt wird von Billy Pilgrim, der an einer Art temporalem Spasmus leidet, was zur Folge hat, dass er sein Leben nicht wie gewöhnliche Sterbliche konsekutiv, von Augenblick zu Augenblick führt, sondern in der Zeit ständig vor- und zurückspringt. Und genauso verzettelt und auseinandergerissen, wie dieser Antiheld seine subjektive Wirklichkeit wahrnimmt, erzählt Vonnegut seinen Antikriegsroman. Billy Pilgrim erlebt nicht nur als amerikanischer Kriegsgefangener den Dresdner Feuersturm, sondern wird später, als er längst wieder in seiner Heimatstadt Illium ein bürgerliches Leben als Optiker führt, von einer Fliegenden Untertasse gekidnappt und auf dem Planeten Tralfamadore in einem Zoo ausgestellt. Im Wechsel zwischen den Kriegserinnerungen, der Zeit in Illium und den Erlebnissen auf Tralfamadore entsteht eine atemberaubende Collage – eine keineswegs beliebige, sondern adäquate Form der Wirklichkeitserfahrung in der zweiten Hälfte des 20. Jahrhunderts.

»Warum ich?«, fragt Billy Pilgrim seine außerirdischen Entführer. Dies ist natürlich die Frage Hiobs und die des Josef K. aus Kafkas *Prozeß*, und Vonneguts Antwort darauf ist in ihrer Konsequenz nicht minder entsetzlich wie die Kafkas: »Es gibt kein Warum.«

Doch Vonnegut hebt diese Absage an die Sinnfrage des menschlichen Daseins durch seine abgründige Komik teilweise wieder auf. Dahinter steckt der Slapstick von Laurel und Hardy: Ja, es hat vermutlich keinen Zweck, aber versuchen wir es einfach weiter. Nur weil das Leben keinen immanenten Sinn hat, heißt das nicht, dass wir ihm keinen geben können – und sei es nur, sich vor fliegenden Sahnetorten in Acht zu nehmen.

»Unser Dasein hat keinen bestimmten Sinn, es sei denn, wir erfinden einen«, lautet denn auch ein Kernsatz in Kurt Vonneguts Roman *Slapstick*. Berichtet wird darin von Wilbur Narzisse-11 Swain, dem letzten Präsidenten der Vereinigten Staaten, oder vielmehr dem, was nach einer rätselhaften Epidemie davon übrig geblieben ist. Es ist eine Endzeit-Story, und wie so oft bei Vonnegut grübelt ein Tagebuchschreiber über den Sinn dessen nach, was ihm im Verlauf seines Lebens passiert ist. Sein lapidares Fazit: »Geschichte ist nichts weiter als eine Liste von Überraschungen. Sie kann uns nur auf neue Überraschungen vorbereiten.«

»Der komischste Amerikaner seiner Zeit,
Mark Twain, fand das Leben für sich und
alle anderen so stressig, als er schon über
siebzig war, dass er schrieb wie folgt: ›Seit-
dem ich ein erwachsener Mann bin, habe
ich mir keinen einzigen meiner erlösten
Freunde ins Leben zurückgewünscht.‹ Das
steht in einem Essay über den plötzlichen
Tod seiner Tochter Jean, die wenige Tage
zuvor gestorben war.« (*Zeitbeben*, S. 17)

Mark Twain (1835–1910), Aufnahme vom
20. Mai 1907.

»Das glaube ich auch heute noch«, erklärt Vonnegut, als ich ihn danach frage. »Literatur versucht oft, unserem Leben einen Sinn zu geben – angefangen bei der Bibel. Einige Autoren haben versucht, die Bibel quasi zu ergänzen und auf einen neueren Stand zu bringen. Natürlich gilt das nicht für alle Schriftsteller, manche schreiben aus ganz anderen Gründen. Aber es trifft zum Beispiel auf Mark Twain und Herman Melville zu. Ich meine damit nicht, dass sie einen bewussten Entschluss dazu gefasst haben, es war eher eine Art Berufung für sie. Christliche Fundamentalisten sind der Ansicht, dass in der Bibel bereits alles enthalten ist, deshalb empfinden sie einen solchen Hass auf Schriftsteller. Dahinter steckt die Vorstellung, dass Schreiben ein Sakrileg ist, etwas, das großer Unverschämtheit bedarf.«

Wie Mark Twain, den er als »amerikanischen Heiligen« bezeichnet, ist Kurt Vonnegut im Alter immer pessimistischer geworden. »Mark Twain war Freidenker und Angloamerikaner wie Thomas Jefferson und George Washington und andere Gründer dieses Landes, die religiöse Skeptiker waren«, erläutert Vonnegut sein Verhältnis zu Twain. »Neulich habe ich ein Nietzsche-Zitat gefunden, das dies sehr schön ausdrückt. Nietzsche sagt, nur ein Mensch von starkem Glauben könne sich den Luxus des Skeptizismus erlauben. Das ist ein wundervoller Gedanke. Ich fühle mich hier auf der Erde so zu Hause, als hätte ich einen starken Glauben, bloß kann ich nicht beschreiben, worin dieser spirituelle Ballast besteht, der von meinem Vater auf meinen Bruder und mich übergegangen ist. Aber er ist jedenfalls vorhanden.« Vonnegut zieht nachdenklich an seiner Zigarette und schließt diese Antwort zur Abwechslung einmal nicht mit einem Lachanfall ab.

»Wir sind einfach schreckliche Tiere.«

Nach dem Krebstod seiner ersten Frau im Jahr 1986 schreibt Vonnegut ein eigenes Requiem, das er von John F. Collins ins Lateinische übersetzen lässt und 1990 in *Fates Worse Than Death* veröffentlicht. Darin heißt es:

»Gambler with flesh,
Thou art the reason for my journey:
Do not cast the dice again on that day.
My wild and loving brother
did try to redeem me by suffering death on the cross:
Let not such toil have been in vain.

I groan like one condemned;
my face blushes for my sins.
Spare a supplicant from more such wakefulness.
Thou who didst neither condemn nor forgive Mary Magdalen
and the robber on the cross
hast given me hope as well.
My prayers are unheard
But thy sublime indifference will ensure
that I not burn in everlasting fire
Give me a place among the sheep
and the goats, seperating none from none,
leaving our mongled ashes where they fall.«

Krieg, Gewalt, Unmenschlichkeit und gleichzeitig die Absage an jede Form von transzendentem Trost, das sind Leitmotive im Gesamtwerk Vonneguts, der seiner Zeit immer dann am nächsten kommt, wenn er sich von ihr am weitesten zu entfernen scheint. Im New York des Jahres 1992 ziert sein Konterfei Einkaufstüten der Kettenbuchhandlung Barnes & Noble, schon damals ist Vonnegut längst Teil der

Kurt Vonnegut. Foto vom 10. November 1990.

»Die *Joy's Pride* [...] war zu Ehren der Mutter des Piloten Joy Peterson so genannt worden, einer Schwester auf der Entbindungsstation eines Krankenhauses in Corpus Christie, Texas. [...] Nachdem man eine Atombombe über Hiroshima abgeworfen hatte [...], bekam *Joy's Pride* den Befehl, noch eine über Yokohama abzuwerfen [...]. Während das Flugzeug sich seinem Ziel näherte, sann der Pilot laut über die Bordverständigungsanlage darüber nach, dass seine Mutter [...] daheim eine Berühmtheit werden würde, nachdem sie getan hatten,

was sie zu tun hatten. Der Bomber *Enola Gay* und die Frau, zu deren Ehren er so benannt worden war, waren so berühmt geworden wie Filmstars, nachdem er seine Ladung über Hiroshima abgeworfen hatte.« (*Zeitbeben*, S. 22f.)

Der Pilot Col. Paul W. Tibbets und das Bodenpersonal kurz nach dem Abwurf der Atombombe (»Little Man«) auf Hiroshima, bei dem über 120.000 Menschen getötet wurden, vor dem B-29-Bomber *Enola Gay* auf dem Flughafen der Pazifikinsel Tinian.

literarischen Ikonographie der USA neben Mark Twain oder Ernest Hemingway. Ich frage ihn nach seinem Menschenbild und warum er trotz seiner immer düsterer werdenden Weltsicht unverdrossen weiterschreibt. »Ich halte uns für verabscheuungswürdige Tiere, das haben wir in unserer Zeit schon in zwei Weltkriegen bewiesen. Mein Gott, man muss nicht erst die Fotografien aus Auschwitz sehen, um zu merken, was für furchtbare Tiere wir sind. Nach den Schlachten im Ersten Weltkrieg gab es riesige Schützengräben voller Leichen, so wurden die Toten begraben. Das waren Kinder, unsere Kinder, die da zu Hunderttausenden getötet wurden, aber das fanden alle anscheinend ganz normal. Und dann waren wir, die Menschheit, zu so etwas fähig wie Auschwitz, Birkenau und wie die Lager alle hießen. Wir sind einfach schreckliche Tiere. Letztes Jahr war ich in Palermo, dort wurde mir der Premio Mondello verliehen. Und da sprachen mich einige Leute an, weil durch die italienischen Zeitungen und das Fernsehen gerade bekannt geworden war, dass wir mit Panzern die Tunnel plattgewalzt hatten, in die wir die irakischen Soldaten mit Raketen und unserer Artillerie getrieben hatten. Dabei sind vermutlich Zehntausende unter den Erdmassen erstickt. Man hat mich gefragt, ob das wahr sei, und ich sagte nein, zu so etwas würden sich Amerikaner niemals hergeben. Das war ein Irrtum. Die Autoren der minimalistischen Schule reagieren auf solche Dinge, indem sie sagen, es gibt nichts, worüber zu reden wäre. Als ehemaliger Lehrer und Zeitungsreporter vertrete ich genau den entgegengesetzten Standpunkt – heute gibt es mehr denn je, worüber zu reden wäre. Also rede ich darüber, und ich finde ein Publikum dafür. Es ist schön, dass ich ein Stammpublikum habe, denn in gewissem Sinn bin ich ein politischer Mandatträger, meine Leser könnten mich ganz leicht abwählen. Aber mein Gott, es gibt so viel, über das ich reden möchte.«

Ob Kurt Vonnegut den Abwurf der Atombombe auf Hiroshima als Zwischenfall beim Fußballspiel beschreibt oder den Ausverkauf der amerikanischen Wirtschaft als Monopoly-Spiel darstellt, immer erscheint das Leben als stochastische Komödie, als zwar nicht sinn-, aber trostlose Aneinanderreihung blinder Zufälle. Inzwischen hat Vonnegut die Einzelfäden seiner Biographie und seiner literarischen Fiktionen so dicht miteinander verwoben, dass sich seine Romane und Essays wie Teile eines größeren Werks lesen. Längst ist offensichtlich, dass dieser Autor keine eskapistischen Weltraummärchen, sondern sehr wohl über das amerikanische Leben von heute schreibt.

»Ich mag Deutschland nicht besonders …«

Im Jahr 1967 war Vonnegut mit einem Stipendium der Guggenheim-Stiftung wieder nach Dresden gereist, inzwischen hat er die Stadt noch mehrmals besucht. Ich frage ihn, was in ihm beim Wiedersehen Dresdens vorging. »Da war ja nicht mehr viel übriggeblieben. Ich halte mich unter anderem deshalb für einen netten Kerl mit Sinn für Schönheit, Zärtlichkeit und all so was, weil ich Dresdener Porzellan abscheulich finde. Aber dieses Porzellan wird ja in Meißen hergestellt, und deshalb hätte man diese Stadt in Schutt und Asche legen sollen. Ich habe das restaurierte Schloss und die Oper und das alles gesehen, aber mich hat viel mehr interessiert, was in den Köpfen der Menschen vorging. Vor einigen Jahren war ich wieder in Dresden, ungefähr zwölf Monate vor dem Fall der Mauer. Ich war als eine Art Geheimagent des PEN-Clubs dort, wir sollten die Lage der Schriftsteller überprüfen, deshalb haben wir mit vielen ostdeutschen Autoren gesprochen. Nach dem, was mir diese Leute erzählt haben, hatte ich den Eindruck, sie könnten dafür sorgen, dass dieses verdammte System funktioniert, wenn man sie nur in Ruhe ließe. Und sie hatten ja einen beachtlichen Lebensstandard erreicht, der vergleichbar mit dem in Italien war. O ja, die Deutschen sind schon fleißige Leute. Aber ich habe nicht sehr viel Zeit dort verbracht, deshalb darf ich mir keine Meinung erlauben. Außerdem waren die Leute, die ich getroffen habe, Rebellen, angeblich Dissidenten. Da hieß es natürlich, wenn man in Ostdeutschland ein schlechtes Buch schreibe, müsse man es nur über die Mauer werfen.«

Was hält Vonnegut von Deutschland nach der Wiedervereinigung? »Für mich ist das eine Tragödie. Alles Liebenswerte an den Deutschen – die Sentimentalität gegenüber der Familie, Kaffeeklatsch, der ganze Weihnachtskitsch, die Musik und so weiter – kam aus zwanzig Deutschlands, nicht aus einem. Aber alles, was wir an Deutschen hassen, war das Produkt eines vereinigten Deutschlands. Ich

Kurt Vonnegut. Foto vom 25. Dezember 2000.

begrüße das also nicht. Aber ich bin ja auch dafür, die Vereinigten Staaten zu balkanisieren. Freilich möchte ich nicht daran denken, was in diesem Fall mit den Schwarzen geschehen würde. Ich mag Deutschland nicht besonders, weil mir nicht gefiel, wie die Deutschen ihre Kriegsgefangenen behandelten. Was mich an den Deutschen dort störte, fand ich aber auch an meiner Familie widerwärtig, an meinem Vater und meinem Onkel, die jetzt tot sind. Die waren so sentimental und redeten dauernd von Nächstenliebe, dabei konnten sie Menschen in Wirklichkeit nicht ausstehen. Irgendwann gaben sie einfach auf und brachen den Stab über ihren Mitmenschen, auch über engen Verwandten. Ich war gut mit Heinrich Böll befreundet und kenne Günter Grass, aber die gehören zu einer anderen Nation, der Nation der Schriftsteller. Böll hat mir mal erzählt, seine Nachbarn sprächen nicht mit ihm, weil er immer noch über die deutsche Kriegsschuld schreibe.«

1998 besucht Kurt Vonnegut aus Anlass des Erscheinens seines Romans *Zeitbeben* Deutschland ein letztes Mal und geht zusammen mit seinem genialen Übersetzer Harry Rowohlt auf Lesereise. Dass Vonnegut trotz der vielfältigen deutschen Bezüge in seinem Leben und Werk, wie es der Kritiker Jürgen Manthey einmal ausdrückte, in Deutschland zwar einen Namen, aber keine Leser hat, mag auch daran liegen, dass Vonnegut erst mit gehöriger Verspätung Mitte der 60er Jahre nach Deutschland kam. Damals erschien seine Antiutopie *Player Piano* unter dem reißerischen Titel *Das höllische System* in Gestalt eines unansehnlichen Taschenbuchs in der Science Fiction-Reihe des Heyne Verlags – auch in Deutschland kein Ort für literarische Debüts. Die stark gekürzte und grotesk entstellende Übersetzung tat ein Übriges, den neuen amerikanischen Autor Kurt Vonnegut Jr. erst gar nicht über Bahnhofskioske hinauskommen zu lassen. Auch später fand Vonnegut keinen deutschen Verlag, der ihn angemessen pflegte. Lange erscheinen die meisten seiner Romane im Taschenbuch bei Goldmann, dann nahmen sich der Straelener Manuskripte Verlag, Hanser und zuletzt der Schweizer Kein & Aber Verlag Vonneguts an.

Insbesondere seine Essays sind eine überraschende Facette; gleichzeitig mit Tom Wolfe entwickelt Vonnegut darin die Technik des New Journalism, das Berichten über sich selbst. Stärker noch als in seinen Romanen steht in diesen Texten immer die Person Vonnegut im Vordergrund, er greift an und macht sich selbst angreifbar. In seinen Auseinandersetzungen mit Mode-Gurus und den Kennedys, der Zensur in Amerika und dem Handwerk des Schreibens wird deutlich, dass Vonnegut auch immer ein eminent politischer Autor war, der sich einmischte, ohne die Chancen solchen Engagements zu überschätzen. Fast schon sprichwörtlich ist Vonneguts Vergleich der Wirkung seiner Texte mit der »Sprengkraft einer großen Bananencremetorte von zwei Metern Durchmesser, zwanzig Zentimeter Dicke, abgeworfen aus zehn Metern Höhe oder mehr.«

Coda

Als ich Vonnegut 1992 im Hotel Excelsior treffe, will ich zuletzt von ihm wissen, ob er schon auf dem Computer schreibe. Seine Antwort verrät den geübten Vortragsredner Vonnegut – und teilt eine Art private Anleitung zum Glücklichsein mit. »Die Leute von Apple haben mir mal eine komplette Computer-Ausrüstung geschenkt – einen Computer mit Software und allem Pipapo. Keine 24 Stunden später tauchte ich als glücklicher Benutzer eines Apple-Computers in ihrer Firmenzeitschrift auf. Aber ich habe immer nur Schach damit gespielt, und als Schachspieler ist das Ding wirklich hinterfotzig. Der Computergegner heißt Sargon, und der Bursche ist ganz schön abgefeimt. Ich kann gut maschineschreiben. Wenn eine Seite fertig ist, will ich aber immer noch manches ändern, und das geschieht dann mit Füller oder Bleistift. Danach ist das Manuskript ziemlich unansehnlich, deshalb schicke ich es einer Frau, die auf dem Land wohnt und schon seit Jahren für mich tippt. Also gehe ich aus dem Haus zu einem Schreibwarenladen bei uns um die Ecke, der einem Hindu-Ehepaar gehört. Die Frau trägt einen Edelstein zwischen den Augen. Ich unterhalte mich mit den beiden eine Weile, kaufe einen Briefumschlag, vergewissere mich, dass er die richtige Größe hat, und dann gehe ich zur Post. Insgeheim bin ich nämlich in das Mädchen hinter dem Schalter verliebt, aber das weiß sie natürlich nicht und wird es auch nie erfahren. Ich stelle mich also in die Schlange vor ihrem Schalter und rede mit den anderen Leuten, bis ich schließlich dran bin. Das Mädchen wiegt den Brief für mich, wir schwatzen ein bisschen und so, und dann klebe ich die Briefmarken drauf und werfe den Brief in den Kasten vor der Post. Danach gehe ich wieder nach Hause. Wenn ich mir die Segnungen des Computerzeitalters zunutze machen würde, hätte ich überhaupt kein Leben mehr. Im Leben kommt es darauf an, sich zu amüsieren. Und viele Menschen wissen einfach nicht, wie man das macht.«

»Wenn ich selbst, was Gott verhüten möge, mal tot bin, hoffe ich, dass irgendein Witzbold über mich sagt: ›Jetzt ist er im Himmel.‹« (*Zeitbeben*, S. 84)

Kurt Vonnegut bei der Tribute-Veranstaltung des »Museums of Broadcasting« anlässlich der fünfzigjährigen Rundfunkarbeit des Komikers Bob Hope. 28. April 1986.

Zeittafel zu Kurt Vonneguts Leben und Werk

1922   11. November: Kurt Vonnegut Jr. kommt in Indianapolis, 4401 North Illinois Street als drittes und jüngstes Kind des Architekten Kurt Vonnegut Sr. (1884–1957) und dessen Frau Edith Sophia (geborene Lieber, 1888–1944) zur Welt; sein Bruder Bernard Vonnegut (1914–1997) wird ein bekannter Physiker und Meteorologe, seine Schwester Alice (1917–1958) bleibt zeit seines Lebens die Adressatin seines Schreibens.

1928   Kurt wird im Herbst in der Orchard School an der West 42nd Street in Indianapolis eingeschult.

1929   Die Vonneguts verlieren ihr Millionenvermögen im Wall-Street-Crash, insbesondere Edith Vonnegut kann sich mit ihren reduzierten Lebensumständen schlecht arrangieren.

1936–1940   Anders als seine älteren Geschwister kann Vonnegut aufgrund der Verarmung der Familie auf keine Privatschule gehen, sondern besucht die Shortridge High School an der 3401 North Meridian Street in Indianapolis.

1937   Vonnegut jobbt während der Sommerferien bei der »Vonnegut Hardware Company«, dem Laden seines Großonkels Franklin in Indianapolis.

1940   Vonnegut erhält ein Angebot, beim *Indianapolis Star* als Journalist zu arbeiten, wird aber auf Druck seines Bruders von der Familie gezwungen, sich im September an der Cornell University in Ithaka, New York, zu immatrikulieren und Chemie zu studieren. Er beginnt, für die Studentenzeitung *Cornell Daily Sun* zu schreiben und erregt Aufsehen wegen seines Engagements für eine strikt antiinterventionistische Politik der USA im Zweiten Weltkrieg.

1943 Im Januar ändert Vonnegut seine Meinung über ein amerikanisches Eingreifen im Krieg und meldet sich freiwillig. Im März beginnt er seine Ausbildung als gemeiner Soldat in Fort Bragg, North Carolina.

1944 14. Mai: Vonneguts Mutter nimmt sich in Indianapolis mit Schlaftabletten das Leben.
19. Dezember: Der Gefreite Kurt Vonnegut Jr. gerät als Angehöriger des 423. Infanterieregiments während der Ardennenoffensive in deutsche Kriegsgefangenschaft.

1945 12. Januar: Vonnegut wird aus dem Stammlager IV B als Teil des Arbeitskommandos 557 nach Dresden abkommandiert.

13.–15. Februar: Vonnegut überlebt die Bombardierung Dresdens durch die Royal Air Force und die US Army Air Forces.

17. April: Der Kriegsgefangene Vonnegut wird von der russischen Armee in Halle an der Saale im Austausch gegen einen russischen Kriegsgefangenen an die US Army übergeben.

14. September: Heirat seiner Kindergartenliebe Jane Marie Cox (gest. 1986), danach Umzug nach Chicago, wo beide an der University of Chicago zum Studium zugelassen werden; Vonnegut versucht sich als Kurzgeschichtenautor.

1947 11. Mai: Sohn Mark Vonnegut wird geboren, es folgen Edith (1950) und Nanette (1954).

Aufgabe des Studiums und Umzug nach Schenectady, wo Vonnegut auf Vermittlung seines Bruders eine Anstellung in der Presseabteilung von General Electric erhält.

1950 Februar: Kurts erste Erzählung *Report on the Barnhouse Effect* wird von *Collier's* veröffentlicht, im Dezember kündigt Vonnegut bei General Electric.

1951 Umzug nach Cape Cod.

1952 August: Vonnegut veröffentlicht seinen ersten Roman *Player Piano*, in dem seine Erfahrungen bei der »Science Fiction-Firma« General Electric ihren Niederschlag finden.

1957   Vonnegut versucht sich als Autohändler mit einer Saab-Niederlassung in Cape Cod, die aber im Dezember pleite geht.

1958   Vonneguts Schwester Alice stirbt wenige Stunden, nachdem sie vom Tod ihres Ehemanns bei einem Eisenbahnunglück erfahren hat, an Krebs; die Vonneguts nehmen die Kinder Tiger, Jim und Steven in ihre Familie auf.

1959   *The Sirens of Titan* erscheint in einer Erstauflage von 2.500 Exemplaren als Taschenbuch und wird von der Kritik ignoriert.

1961   Auch der Roman *Mother Night* erscheint zuerst als Taschenbuch und löst daher kein Echo bei der Literaturkritik aus.

1963   Vonnegut veröffentlicht den Roman *Cat's Cradle*.

1965   In dem Roman *God Bless You, Mr. Rosewater, or Pearls Before Swine* taucht erstmals die Figur von Vonneguts Alter Ego Kilgore Trout auf; Vonnegut unterrichtet am Writers' Workshop der University of Iowa. Der Verleger Sam Lawrence bietet ihm einen 75.000-Dollar-Vorschuss für seine nächsten drei Bücher und sichert sich die Rechte an Vonneguts bislang erschienenem Werk.

1969   *Slaughterhouse-Five, or The Children's Crusade* erscheint – mitten im Vietnamkrieg – und bringt für Vonnegut den internationalen Durchbruch.

1970   Vonneguts Theaterstück *Happy Birthday, Wanda June* hat im Oktober in New York Premiere; während der Proben lernt Vonnegut die Fotografin Jill Krementz kennen.

1973   Vonnegut veröffentlicht *Breakfast of Champions, or Goodbye Blue Monday* und kauft das Brownstone-Haus 228 East 48th Street, in dem er bis zum Ende seines Lebens wohnen wird.

1976   Mit der Veröffentlichung des Romans *Slapstick* lässt Vonnegut den Namenszusatz »Jr.« 19 Jahre nach dem Tod seines Vaters endgültig fallen.

1977   Vonnegut besucht die Frankfurter Buchmesse sowie das Münchner Oktoberfest und reist anschließend nach Wien und Italien.

1979   Scheidung von Jane nach 34 Ehejahren; er heiratet Jill Krementz.

1984   Vonnegut unternimmt einen Suizidversuch mit Schlaftabletten, den er dank der Aufmerksamkeit seines Freundes und Anwalts Don Farber überlebt.

1986   Im März besucht Vonnegut Polen, die Tschechoslowakei und die DDR.

1995   Vonnegut veröffentlicht den Roman *Galapagos*.

1997   Der Roman *Timequake* erscheint.

2000   Vonnegut überlebt einen Brand in seinem Arbeitszimmer im Haus an der East 48th Street in Manhattan.

2005   Veröffentlichung von *A Man Without a Country*.

2007   Kurt Vonnegut stirbt im Alter von 84 Jahren in Manhattan an Kopfwunden, die er sich bei einem Unfall während eines Spaziergangs mit seinem Hund Flour zugezogen hat.

Auswahlbibliographie

Werke

Player Piano. Charles Scribner's Sons, New York 1952. In der Übersetzung von Wulf H. Bergner als *Das höllische System* bei Heyne, München 1964.

The Sirens of Titan. Dell, New York 1959. In der Übersetzung von Harry Rowohlt als *Die Sirenen des Titan* bei Piper, München 1979.

Canary in a Cat House. Fawcett Publications / Gold Medal Books, Greenwich, Conn. 1961.

Mother Night. Fawcett Publications / Gold Medal Books, Greenwich, Conn. 1961. In der Übersetzung von Klaus Hoffer als *Mutter Nacht* bei Piper, München 1988.

Cat's Cradle. Holt, Rinehart and Winston, New York 1963. In der Übersetzung von Michael Schulte als *Katzenwiege* bei Piper, München 1965.

God Bless You, Mr. Rosewater. Holt, Rinehart and Winston, New York 1965. In der Übersetzung von Joachim Seyppel als *Gott segne Sie, Mr. Rosewater* bei Bertelsmann, Gütersloh 1968.

Welcome to the Monkey House. Delacorte, New York 1968. In der Übersetzung von Kurt Wagenseil als *Geh zurück zu deiner lieben Frau und deinem Sohn* bei Hoffmann und Campe, Hamburg 1971.

Slaughterhouse-Five or The Children's Crusade. Delacorte, New York 1969. In der Übersetzung von Kurt Wagenseil als *Schlachthof 5* bei Hoffmann und Campe, Hamburg 1970.

Happy Birthday, Wanda June. Delta Publishing, New York 1971.

Between Time and Timbuktu. Delacorte, New York 1972.

Breakfast of Champions. Delacorte, New York 1973. In der Übersetzung von Kurt Heinrich Hansen als *Frühstück für starke Männer* bei Hoffmann und Campe, Hamburg 1974.

Wampeters, Foma and Granfalloons. Delacorte, New York 1974. In der Übersetzung von Klaus Birkenhauer als *Das Nudelwerk* (Auswahl) bei Straelener Manuskripte Verlag 1992.

Slapstick. Delacorte, New York 1976. In der Übersetzung von Michael Schulte bei Piper, München 1977.

Jailbird. Delacorte, New York 1981. In der Übersetzung von Klaus Hoffer als *Galgenvogel* bei Piper, München 1980.

Sun Moon Star. Harper & Row, New York 1980.

Palm Sunday. Delacorte, New York 1981. In der Übersetzung von Klaus Birkenhauer als *Das Nudelwerk* (Auswahl) bei Straelener Manuskripte Verlag 1992.

Deadeye Dick. Delacorte, New York 1982. In der Übersetzung von Lutz-W. Wolff als *Zielwasser* bei Goldmann, München 1987.

Galapágos. Delacorte, New York 1986. In der Übersetzung von Lutz-W. Wolff als *Galapagos* bei Bertelsmann, Gütersloh 1987.

Bluebeard. Delacorte, New York 1987. In der Übersetzung von Lutz-W. Wolff als *Blaubart* bei Bertelsmann, Gütersloh 1989.

Fates Worse Than Death. Putnam's Sons, New York 1991. In der Übersetzung von Klaus Birkenhauer als *Dann lieber gleich tot* bei Straelener Manuskripte Verlag 1993.

Hocus Pocus. Putnam, New York 1991. In der Übersetzung von Lutz-W. Wolff als *Hokus Pokus* bei Goldmann, München 1992.

Timequake. Putnam, New York 1997. In der Übersetzung von Harry Rowohlt als *Zeitbeben* bei Hanser, München 1998.

Bagombo Snuff Box. Putnam's Sons, New York 1999. In der Übersetzung von Harry Rowohlt zum Teil in *Suche Traum, biete mich* sowie in *Der taubenblaue Drache* bei Kein & Aber, Zürich 2009.

God Bless You, Dr. Kevorkian. Seven Stories Press, New York 2000. In der Übersetzung von Harry Rowohlt als *Gott segne Sie, Dr. Kevorkian* bei Hanser, München 2004.

A Man without a Country. Seven Stories Press, New York 2005. In der Übersetzung von Harry Rowohlt als *Mann ohne Land* bei Kein & Aber, Zürich 2006.

Armageddon in Retrospect. Putnam's Sons, New York 2008. In der Übersetzung von Harry Rowohlt als *Der taubenblaue Drache* bei Kein & Aber, Zürich 2009.

Look at the Birdie. Delacorte, New York 2009. In der Übersetzung von Harry Rowohlt als *Ein dreifach Hoch auf die Milchstrasse!* bei Kein & Aber, Zürich 2010.

While Mortals Sleep. Delacorte, New York 2011. In der Übersetzung von Harry Rowohlt als *Hundert-Dollar-Küsse* bei Kein & Aber, Zürich 2012.

Sekundärliteratur, Biographien, Essays

Susan Elizabeth Farrell: *Critical Companion to Kurt Vonnegut. A Literary Reference to His Life and Work.* Facts On File, New York 2008.

Marc Leeds: *The Vonnegut Encyclopedia. An Authorized Compendium.* Greenwood Press, Westport u. a. 1995.

Thomas F. Marvin: *Kurt Vonnegut. A Critical Companion.* Greenwood Press, Westport u. a. 2002.

Tom McCartan (Hg.): *Kurt Vonnegut. The Last Interview and Other Conversations.* Melville House, Brooklyn, New York 2011.

Peter J. Reed (Hg.): *The Vonnegut Chronicles. Interviews and Essays.* Greenwood Press, Westport u. a. 1996.

Denis Scheck: *Kurt Vonnegut: Es gibt kein Warum.* In: Ders.: *Hell's Kitchen. Streifzüge durch die US-Literatur.* Maro-Verlag, Augsburg 1994, S. 331–362.

Charles J. Shields: *And so it goes. Kurt Vonnegut: A Life*. Henry Holt and Company, New York 2011.

David Simmons (Hg.): *New critical essays on Kurt Vonnegut.* Palgrave Macmillan, New York 2009.

Robert T. Tally: *Kurt Vonnegut and the American novel. A postmodern iconography.* Continuum, London u. a. 2011.

John Tomedi: *Kurt Vonnegut.* Chelsea House Publishers, Philadelphia 2004.

CD

Zeitbeben. Kurt Vonnegut im Gespräch mit Denis Scheck. CD 1: *Kurt Vonnegut.* Gelesen von Harry Rowohlt. CD 2: *Interview mit Denis Scheck.* Der Hörverlag, München 1999.

Der Text dieses Buches beruht auf einem Radiofeature für den Deutschlandfunk sowie dem Essay über Kurt Vonnegut in: *Hell's Kitchen. Streifzüge durch die US-Literatur*, erschienen 1994 im Maro Verlag.

Bildnachweis

S. 8, 24 Rue des Archives / Süddeutsche Zeitung Photo
S. 10 aus: Helmut Börsch-Supan: *Caspar David Friedrich.*
Gefühl als Gesetz, München/Berlin 2008, S. 19
S. 12 Christopher Felver / Corbis
S. 14, 20 (u.), 68 Ron Galella / Getty Images
S. 16 Hulton Archive / Getty Images
S. 18, 22 (o.), 28 (o.), 30, 34, 44 (o.), 48, 58 Library of Congress
Prints and Photographs Division
S. 20 (o.) picture alliance / AP Images
S. 22 (u. und r.) Ball State University / Vonnegut and Bohn
Architectural Records Collection
S. 26 (u.) Indiana Historical Society
S. 28 (u.) Brigitte Friedrich / Süddeutsche Zeitung Photo
S. 32 Alfred Eisenstaedt / Time Life Pictures / Getty Images
S. 36 Bundesarchiv, Bild 183-R72622 / Hahn
S. 38 (o.) LutzBruno
S. 38 (u.) Bundesarchiv, Bild 146-1994-041-07
S. 40 (u.) United States Army
S. 42 Edith Vonnegut
S. 44 (u.) Ball State University / Campus Photographs Collection
S. 46 Gil Friedberg / Time Life Pictures / Getty Images
S. 50 (o.) Susan Wood / Getty Images
S. 52 Bettmann / Corbis
S. 54 Oliver Morris / Getty Images
S. 56 Apic / Getty Images
S. 60 ullstein bild / dpa
S. 62 Süddeutsche Zeitung Photo
S. 64 Grant Delin / Corbis

Impressum

Gestaltungskonzept: *Groothuis, Lohfert, Consorten, Hamburg|glcons.de*

Layout und Satz: *Angelika Bardou,* Deutscher Kunstverlag

Reproduktionen: *Birgit Gric,* Deutscher Kunstverlag

Lektorat: *Michael Rölcke,* Berlin

Gesetzt aus der *Minion Pro*

Gedruckt auf *Lessebo Design*

Druck und Bindung: *Grafisches Centrum Cuno, Calbe*

Umschlagabbildung: Kurt Vonnegut, ca. 1975.
© Rue des Archives / Süddeutsche Zeitung Photo

Bibliografische Information der Deutschen Nationalbibliothek
Die Deutsche Nationalbibliothek verzeichnet diese Publikation
in der Deutschen Nationalbibliografie; detaillierte bibliografische
Daten sind im Internet über http://dnb.dnb.de abrufbar.

© 2014 Deutscher Kunstverlag GmbH Berlin München

Deutscher Kunstverlag Berlin München
Paul-Lincke-Ufer 34
D-10999 Berlin
www.deutscherkunstverlag.de

ISBN 978-3-422-07239-8